HISTOIRE
DV SACRILEGE

COMMIS CONTRE LE
S. SACREMENT DE L'AVTEL
dans vne Parroiſſe du Dioceſe
d'Orleans.

ET D'VNE PROCESSION
ſolennelle qui y a eſté faicte pour
reparation dudit crime.

Le tout redigé par écrit par I A Q V E
G V Y O N, Preſtre Orleanois.

A ORLEANS,

Par MARIA PARIS, Impri-
meur du Roy, demeurant pres
l'Egliſe Sainct Liphard.

M. DC. XLVI.

A VENERABLES

ET DISCRETES PERSON-
nes Messire Lovys de Menov
Doyen, Messire Marin Bov-
cher Sousdoyen, & Messire
Robert Martin Chanoine
de l'Eglise d'Orleans, & grands
Vicaires du Chapitre de ladite Eglise, le Siege Episcopal vacant.

MESSIEVRS,

Ce qui s'est passé par
vostre ordre en la Par-
roisse de la Queuure dans ce Diocese,
duquel vous auez la direction & gouuer-
nement spirituel, le Siege Episcopal vacant,
a esté si celebre, & a si fort edifié les esprits
de tous vos Diocesains, que i'ay creu ne pas
faire chose desagreable aux bons Catholiques, si i'en dressois vn memoire vn peu

plus ample que celuy qu'on a veu courir par les ruës de cette ville. Vne personne d'honneur, & de vertu m'a conuié à ce faire, mais ie n'osois l'entreprendre craignant la censure de ceux qui ont à redire sur tout. Neanmoins le zele que i'ay de rendre tesmoignage à la verité d'vne si celebre action, m'a fait mettre la main à la plume pour raconter tout ce que i'en ay pû apprendre ou remarquer. Agreés, ie vous prie, que ie vous offre ce que i'en ay dressé, afin que ce qui a esté fait par vostre mandement, puisse estre publié plus au loing par vostre authorité, & par l'agreement que vous en ferez comme i'espere. C'est la priere que vous en fait humblement.

MESSIEVRS,

Vostre tres-humble & obeissant seruiteur IAQVE GVYON, Prestre Orleanois.

HISTOIRE DV SACRILEGE

COMMIS CONTRE LE S. Sacrement de l'Avtel, dans vne Parroisse du Diocese d'Orleans.

ET D'VNE PROCESSION TRES solennelle qui y a esté faitte pour reparation dudit crime.

LE meilleur & plus asseuré tesmoignage de la verité, & fermeté d'vne ame en la Foy Ortodoxe, & la marque la plus certaine de son humilité & docilité à captiuer son entendemét sous les loix de la foy, comme dit l'Apostre, c'est l'amour & respect quelle porte au tresAuguste, & incomparable Sacrement de l'Autel. Car comme entre tous les mysteres de noſtre ſainɛte Religion, aucun ne requiert tant de ſoumiſſion du propre iugement comme celuy de l'Euchariſtie, ou les ſens ſont trompés & deceus par leurs propres obiects, & ou toute raiſon humaine eſt courte, trompeuſe & menſongere; auſſi faut il auoüer que celuy, qui preuenu de la grace, donne conſentement & captiue ſa raiſon, & ſes ſens pour aimer & adorer en ce ſacré ſaint Myſtere, celuy que la foy nous enſeigne y eſtre reellement contenu, a en ſoy vne marque infaillible de vray & legitime Catholique. Ie dis de vray Catholiq; car tous ceux qui portent le nom de Catholique ne le ſont pas veritablement & n'ont pas tous bien auant imprimée en l'ame cette marque, & pour ainſi parler ce caractere de foy, comme leur vie & deportement le font iuger. Car la rare frequentation qu'il font de l'Euchariſtie, ou le peu de fruict qu'ils en retirent, meſme s'en approchans ſouuent, donnent aſſez à entendre, ou la langueur de leur foy, ou le peu d'amour qu'ils ont pour ce Seigneur qu'ils y recoiuent, & qui y eſt veritablement compris.

Ce Myſtere à la verité eſt tranſcendant & ſi hautement éleué au deſſus de tout ce qui eſt humain, qu'entre tous les autres, il eſt appellé par N. S. meſme, lors qu'il l'inſtitua, selon la tradition qu'en a l'Eglise, vn Mystere de foy. Ce qui fait qu'il n'apartient qu'à des ames nobles, qui comme des Aigles Royales, approchent & contemplent des yeux de leur foy ce soleil de l'eternité à trauers pourtant de la nuë des accidens du pain & du vin; Il n'appartient dis-ie qu'à telles ames de croire, adorer & aimer IESVS CHRIST nostre Seigneur en ce Sacrement admirable. Car quant à ces ames casanieres & de bas aloy, ces Hyboux & faux Aiglons, elles n'ont garde de rien y aperceuoir, que ce que la foiblesse & imbecilité de leur veuë les y fait reconnoistre, laissant laschement deceuoir leur entendement par leur sens, c'est à dire le maistre par ses escholiers, & le Seigneur par ses esclaues. Et c'est par cette tromperie, & pour cette raison que le Mystere adorable de l'Eucharistie, auant mesme son institution dans la promesse qu'en fit le Sauueur, & depuis Beranger l'heresiarque & durant ces derniers siecles, a serui de pierre d'achopemement, & de scandale à tant d'Heretiques desia enseuelis dans l'oubli & dans l'enfer & sert encore en nos iours aux heretiques Huguenots, ce qu'il a fait à ceux qui les ont precedé & resemblé en l'esprit d'heresie. Et ce n'est pas de merueille, car leur yeux obscurcis & leur esprit aueugle de leur propre orgueil, ne peut, ou ne veut aduoüer la verité de cét adorable Sacrement, plus claire neantmoins à tout esprit humilié autre que le leur, que le Soleil ne l'est à des yeux bien persans & bien disposés à voir. Laissons donc là ces aueugles & endurcis, qu'ils grincent des dents tant qu'ils voudront, & seichent sur les piés s'ils veulent; pandant que nous autres Catholiques nous nous glorifirons & rejouyrons en nostre Seigneur & Maistre, que la foy nous fait reconnoistre & adorer comme reellement present sous les especes & symboles du pain & du vin dans le Sacrement de son corps, & de son sang precieux.

I'ay bien voulu auancer ce discours, pour seruir comme de preambule & d'entrée à ce que i'ay pris dessein de raconter en cét escrit, dans lequel i'espere vous faire voir comme à l'œil, ce qui s'est passé ces derniers iours en la Parroisse de la Queuure au Diocese d'Orleans en vne action aussi pieuse qu'elle est rare, & qui a esté iugee par autre que par moy, digne d'estre laissee à la posterité. Dans ce naré les bons Catholiques tels que nous les auons depeint cy dessus verront, mais à regret, vne iniure faite à nostre diuin Sauueur humilié pour nous dans le S.

Sacrement

Sacremēt de l'Autel. Mais s'ils ont iuste suiet de s'atrister, comme, sans doute ils le feront, aussi les puis-je asseurer qu'ils aurōt vne belle & ample occasion de se consoler, & se réjouïr, pour l'honneur & respect que les habitans d'Orleans, & de Iargeau ont tasché de luy rendre, poussés par vn motif de satisfaction & reparation de l'injure faite & du Sacrilege commis contre sa sacree personne, aussi secretement qu'admirablement cachée pour nostre suiet dans ce Sacrement incomparable.

Vous verrez donc en la suitte de ce discours; premierement, le sacrilege commis contre le S. Sacrement par deux meschans hommes, vous y verrez leur capture, emprisonnement, & execution publique de leur personnes pour leur forfait; en second lieu, vous y lirés auec ioye, ie m'asseure, la satisfaction & reparation faite à Dieu pour ce sacrilege, auec vn narré fidele & veritable de toute l'Histoire, comme elle s'est passée.

Vous sçaurez donc que deux hommes vagabonds, l'vn natif de Trigny prez Chatillō sur Loin, & l'autre prez de Châlons en Champagne, ayant depuis quelque temps rodé dans le voisinage de la ville de Iargeau, mandians leur vie & épians l'occasion

B

de faire quelque vol, delibererent de s'attaquer à l'Eglise Parroissiale de la Queuvre, qui a pour patron S. Gauld, & est distante dudit Iargeau d'vne lieuë & demie & d'Orleans cinq grandes lieuës. Ces miserables iugeans que cette Eglise, n'ayant pour tous voisins qu'vne seule maison, qui en est mesme bien éloignée, seroit vn lieu propre pour executer leur damnable dessein, delibererent de la voler à quelque prix que ce fust. Pour cét effet ils choisirent le Vendredy 23. de Mars de la presente annee 1646. & & vinrent nuitamment sur les dix à vnze heure du soir à la porte de ladite Eglise. Là, auec Rossignols & autres outils de gens de leur Cabale, ils ouurent & forcent ladite porte, se seruans aussi pour leur dessein d'vne Croix du cemetiere de ladite Eglise. Entrés qu'ils sont dedans, leur impieté les porte de s'attaquer droit au Tabernacle, ou reposoit en vne coupe le S. Sacrement de l'Autel, pour en enleuer & derober ladite coupe comme ils firent.

Mais ayant trouué en icelle coupe huict Hosties consacrées, ils en consommerent sept, ne pouuans comme il ont dit aualer ny consommer la huictiéme, ne sçachans ce qu'elle estoit deuenuë. Et cette Hostie, comme m'a asseuré le sieur Gaucher Curé d'icelle Eglise, a esté trouuée le iour de Pasques dernier, c'est à sçauoir neuf iours apres le vol, toute machée & attachée sur le Tabernacle de son Eglise, sans en auoir rien pû aperceuoir auparauant, ce que l'on peut attribuer ou à miracle ou à merueille.

Ayant fait leur coup au Tabernacle, l'vn serre la coupe du S. Sacrement & s'en vont tous deux pour rompre vn coffre où ils croyoient estre l'argent de la Fabrique. Ils ne purent pourtant faire ladite rupture sans vn grand bruit, qui fut, Dieu le permettant, entendu de la maison plus proche de l'Eglise. En suitte dequoy le Seigneur de la Paroisse & Patron de la Cure, nommé le Sieur de la Queuure estant auerti qu'on entendoit des voleurs dans l'Eglise, se deliberá tout Heretique Huguenot qu'il fust, de preter main forte pour les surprendre. Il sort donc de nuict auec ses gens, fait tirer quelques coups d'arquebuse à l'entour de l'Eglise pour intimider ces brigans, craignant qu'ils ne fussent plusieurs & bien armez. Mais n'estant que d'eux & sans armes offensiues, apres quelque peu de resistance il s'en saisit, les mena en sa maison, où il les tint enfermés iusqu'au iour du Dimanche suiuant, qui estoit le Dimanche des Rameaux. Là vn de ces voleurs par vne noire & damnable impieté, craignant d'estre trouué saisi de son larcin, ietta dans vn retraict la coupe qu'il auoit dans sa pochette, dans laquelle neantmoins ne restoit aucune Hostie. Pendant leur detention en cette maison, quelques domestiques dudit Gentil homme, ainsi qu'il m'a esté raporté, pour faire aüoüer la verité à ces prisonniers, leur dirent que s'ils vouloient confesser qu'ils estoient Huguenots & dire la verité de ce qu'ils auoient fait de la susdite coupe, on les feroit sauuer, aussi bien monsieur de ceans nostre maistre, disoient-ils, est aussi Huguenot. Ils se declarent donc Huguenots quoy qu'vn d'eux ait bien fait paroistre ne l'estre pas; & sous esperance d'impunité, ils confessent par mesme moyen où ils ont ietté la coupe dérobée. Ce Sr. de la Queure estoit politiquement trop sage pour les laisser aller, il n'auoit garde quaussi bien il eut desiré, mais bien les mit il entre les mains de la Iustice & du grand Preuost General, nommé Monsieur de la Rimbaudiere, qui enuoia sur les lieux le sieur Morin son Lieutenant pour les amener aux prisons Royales d'Orleans; mais auparauant de ce faire vn habitans de la Parroisse descendit dans le susdit retrait, & tira de ce lieu infect & puant ce vaisseau que ces miserable y auoient ietté, polu par la deshonnesteté de cette cloaque & par les mains sacrileges de ces infames voleurs, lesquels estans amenés aux prisons d'Orleans le Lundy Sainct, leur procez y fut conduit & instruict si chaudement par ledit sieur de la Rimbaudiere & le sieur le Maire Conseiller au Presidial & Assesseur en la Mareschaussée, que le mardi estans conuaincus par leur propre confession, du crime de sacrilege, ils furent pour reparatiõ d'iceluy tous deux condamnés a estre conduits dans vn tombereau iusqu'en la grande place de l'Eglise de saincte Croix d'Orleans, ou estant, que celuy qui auoit pris le sainct Ciboire & l'auoit ietté dans vn retrait, feroit amande honorable, teste nuë & nud en chemise, la corde au col, & vne torche ardente en la main, & demanderoit pardon à Dieu, au Roy, & à la Iustice, declarant à haute voix que meschamment & mal-heureusement il auoit commis ledit crime & sacrilege. Et que de là ils seroient tous deux conduits par l'executeur de la haute iustice, en la place du Martroy d'Orleans, pour y estre pendus & étranglés, & que le corps de celuy qui auoit ietté la susdite coupe dans vn retrait seroit ars, bruslé, & reduit en cendre apres sa mort.

Ce qui fut exécuté le mesme iour de Mardy de la semaine saincte 27. Mars dernier. A l'heure du suplice celuy de ces criminels qui deuoit estre bruslé, mourut auec toute aparence morale fort bien contrit & repenti, mais l'autre mourut en impie sans aucune aparence de bonne mort, estant comme on croit heretique huguenot.

La prudence & le zele dudit sieur Morin Lieutenant en la Mareschaussée d'Orleans parut en cette occasion, en ce que luy estant dit par quelqu'vn que c'estoit chose cruelle que de brusler ainsi vn corps humain; il respondit qu'on ne traitoit que trop doucement cét impie, puis qu'il meritoit d'estre bruslé tout vif, & que ceux qui s'attaquent aux Rois de la terre estoient traitez auec toute sorte de tourmens, & que luy qui s'estoit ataqué au Roy du Ciel en meritoit bié dauantage, mais qu'on luy auoit fait grace, ne le bruslant qu'apres sa mort. Response & sentiment d'vn homme Chrestien & Catholique.

Vous venez de voir l'iniure faite & comise côtre la personne du fils de Dieu, & vous allés voir en la suitte de cette Histoire la reparation que les bons Catholiques se sont efforcés de luy faire, par vne celebre & solennelle Procession qui s'est faite au mesme lieu ou a esté commis le crime, en laquelle a esté porté le S. Sacrement auec pompe & deuotion incroiable, à la confusion & à la veuë de l'heresie, & au contantement indicible des fideles, ie m'asseure, de tous ceux qui prendront la peine d'en lire la narration que vous en allez voir.

Le sacrilege commis, & les autheurs d'iceluy estans punis, Messieurs les Doyen & grands Vicaires du Chapitre de S. Croix d'Orleans le siege Episcopal vacant, touchés de regret & de douleur d'vn si horrible crime, iugerent qu'il estoit plus que iuste & raisonnable de faire quelque sorte de reparation à Dieu pour l'offense commise immediatement contre-luy. Cette pensée estoit tres-saincte & fort conforme à la vertu de ces Messieurs qui tiennent les premiers rangs dans l'Eglise Cathedrale d'vne ville si affectionnée de tout temps à la tres-saincte Eucharistie, comme elle le fait paroistre en toutes les ocasions, & la monstré en effet en celle-cy. Cette ville a depuis vn fort long temps introduit cette loüable coustume, que d'auoir tous les Dimanches de l'année vne ou deux statiõs alternatiuement dans les Paroisses de son enclos, ou le S. Sacrement est exposé tout le iour, & sur le soir apres l'Office de Vespres solennellement porté en procession au dedans de l'Eglise, auec concours des peuples des autres Paroisses, qui ne sont pas en leur tour d'auoir chez elles la station. Cette deuotion n'est pas seulement renfermée dans Orleans, mais s'est étenduë comme les ruisseaux d'vne fontaine, par tout le Diocese, dans lequel tous les premiers Dimanches de chaque mois, chaque Paroisse fait la mesme solennité que dans la ville d'Orleans principale du Diocese, & cette deuotion est si exemplaire & de telle edification, que plusieurs celebres Predicateurs ont fort souuent loué & extollé la pieté de nos Orleanois, & leur amour enuers le S. Sacrement : en quoy il parroissoient exceller, disoient ils, par dessus beaucoup d'autres villes & Prouinces; ce qui se peut dire, nõ seulement des villes de ce Royaume, mais mesme de la Chrestienté : asseurans lesdits Predicateurs qu'ils prescheroient & publiroient par tout la deuotion à cét Auguste Mystere, à l'exemple des habitans d'Orleans.

Ce n'est donc pas de merueille, comme i'ay desia dit, que cette pensée de reparer l'honneur du S. Sacrement, ait eu lieu dans les esprits de Messieurs les grands Vicaires, dautant plus affectionnez que leur peuple

au

au Myſtere de l'Euchariſtie, que leur dignité les releue par deſſus le commun des Chreſtiens. Et c'eſt pour cette raiſon qu'ils ordonnerent que Meſſieurs les Doyen & Chanoines de Iargeau iroient en Proceſſiō de leur Egliſe en celle de la Queuure, diſtante de chez eux d'vne grande lieuë & demye, & que là ils celebreroient vne Meſſe ſolennelle pour demander pardon à Dieu de l'iniure & du ſacrilege commis en ce lieu, ainſi qu'il a eſté cy deſſus raconté. Le iour indiqué pour cette Proceſſion, fut vne des feſtes de Paſques, mais vn faſcheux temps de pluye eſtant ſuruenu, donna occaſion de croire que Dieu vouloit qu'on attendiſt à vn autre iour, & que cette Proceſſion fuſt plus ſolennelle qu'elle n'euſt eſté pour lors. C'eſt pourquoy eu égard à la diſpoſition du temps, Meſſieurs de Iargeau iugerent à propos de differer leur ceremonie à vn autre iour.

Sur ce ſuiet ils écriuirent à Orleans à meſdits ſieurs les grands Vicaires, leur donnans aduis qu'à raiſon de l'iniure du temps ils n'auoient pû obeyr à leur mandement, eſperans qu'ils auroient pour agreable le delay qu'ils en auoient pris, les ſuppliant en outre humblement de leur preſcrire vn autre iour pour cét effet, tel qu'ils iugeroient

C

plus conuenable, & par mesme moyen d'or-
donner que quelques Parroisses voisines les
vinssent ioindre pour faire quelque chose
de plus solennel. Sur cét aduis, il leur fut
mandé de nouueau qu'ils prissent pour tout
delay le Ieudy d'apres Quasimodo 12. d'A-
uril, & qu'en ce iour ils allassent procession-
nellement en ladite Parroisse de la Queuure, & tout ensemble manderét lesdits sieurs
grands Vicaires, aux Curez des Parroisses
voisines de la Queuure, qu'ils eussent à se
transporter a Iargeau, pour faire vn corps de
Clergé plus considerable auec lesd. sieurs
du Chapitre & auec eux assister à ladite
procession comme il se radit cy apres.

Ce pandant le bruit court par la ville
d'Orleans, que Messieurs les grands Vicaires
ont ordonné vne procession du S. Sacrement en la Parroisse la Queuure, pour reparer le sacrilege qui y auoit esté commis; chacun prend feu, desire y estre present, & s'y
transporter, pour auoir part à vne si saincte
& loüable action. Et comme les Orleanois
y estoient desia assez portez d'eux mesmes,
par la deuotion qui leur est comme naturel-
le & hereditaire enuers le Mystere de l'Eucharistie, ils y furent de plus excités & conuiés par le zele, exhortation & bon exemple
d'vn de leurs concitoiens, homme de pro-

bité & de vertu, nommé Monsieur Tran-chot, que ie nomme par honneur, & la loüange & merites duquel ie tais pourtant par modestie, me contentant seulement de raconter ce qu'il a fait & procuré, pour rendre la ceremonie de ladite Procession plus auguste & plus magnifique; par les soins qu'il y a aporté, & l'argent qu'il y a largement & tres liberalement employé. Car pour cét effet, il va & vient par Orleans, inuite tous ses amis à aller reparer l'honneur de son bō maistre (sont ses propres paroles) il prie Messieurs de saincte Croix d'Orleans de vouloir contribuer à ladite Procession de quelque chose, outre l'ordre & mandement qu'ils auoient fait d'icelle, par Messieurs leurs grands Vicaires; ce qu'ils font. De plus, il prie Messieurs les Pasteurs & Curez des Parroisses d'Orleans, d'enuoyer de leurs Ecclesiastiques à Iargeau, pour asister à la solennité qui s'y deuoit faire, les supplie en outre de pretter de leurs plus beaux ornements pour rendre cette solennité plus celebre. Il visite les Superieurs des Communautez Religieuses, les prie auec affection & zele ordinaire d'enuoier aussi de leurs Religieux pour contribuer de leur part à vn si pieux & si loüable dessein. Il en fait de mesme aux corps seculiers de la ville d'Orleans. Bref tout Orleans est émeu de deuotion pour ce suiect, & ledit sieur Tranchot fit tant par ces soins & sa diligence qu'il obtint bon nombre d'Eclesiastiques de Messieurs les Curez, & tout ensemble de leurs ornements, assauoir des Tapisseries, Tableaux, & argenterie de leur Eglises que lesdits sieurs & leurs Gagers & Fabriquers preterent de tres bon cœur. Les Superieurs desd. maisons Religieuses nommerent aussi quelqu'vns de leurs Religieux pour estre de la partie, & se transporter à Iargeau au iour assigné. Le Recteur du College de la Compagnie de Iesus, y enuoya mesme vn de ses Religieux accompagné du Sacristain de son Eglise, l'vn pour vaquer à la Predication & Confession, l'autre pour contribuer de son industrie accompagnée de zele, pour l'ornement & embelissement de l'Eglise, en laquelle la solennité se deuoit faire, & ou se transporterent aussi quelque nôbre d'hommes fort bien versés à l'acoutremét & ajencement de tout ce qu'il failloit preparer.

Dauantage, le mesme sieur Tranchot fait prouision d'vne grande quantité de cierges blancs & d'vn bon nombre de torches, & procure qu'on assemblast 80. icunes enfans de l'âge de 8. à 12. ans pour estre dressés & puis conduits en ladite ville de Iargeau, pour seruir à la celebrité de la Procession, comme vous verrez en la suitte de cét histoire. Ce n'est pas tout, les meilleurs ioüeurs de cornets à bouquins & haubois d'Orleans y sont conuiés par ledit Sr Tranchot, lequel par vne tres grande liberalité enuoya toute sorte de viures sur les lieux, pour la nourriture de tous ceux qu'il auoit conuié à la ceremonie; de telle sorte que il nourrit à Iargeau tous les Ecclesiastiques, les Religieux, enfans, & ioüeurs d'instrumés & beaucoup d'autres personnes qui ont aydé de leur trauail & industrie à ce qu'il falut preparer.

Le Ieudy donc 12. d'Auril aprochant iour designé pour tout delay, pour faire la Procession ordonnée. Le Mercredy apres disné & sur le soir chacun se prepare & prend le chemin de Iargeau, & y arriua ce iour là grand nombre de personnes, non sans l'estōnement des habitans de cette petite ville qui se virent bien-tost surpasser en nombre. Et la presse y fut si grande des le soir, que l'Eglise de sainct Vrain, qui est l'Eglise Collegiale & Parroissialle de Iargeau, grande & spacieuse qu'elle est, se trouua si pleine de monde sur les 8. heure du soir, que la deuotion du peuple inuita vn Religieux Carme d'faire à celle heure vne pieuse & zelée

Predication, sur le suiet qui auoit amené la compagnie en ce lieu. Et de là, prit occasion de parler de l'amour du fils de Dieu au S. Sacrement de l'Autel & congratula tout ensemble les Orleanois, comme deuant luy plusieurs ont fait, comme i'ay dit cy dessus, de leur amour, respect & deuotion enuers le diuin Sauueur dans cét Auguste Mystere. Deuant & apres cette Predication que ce bõ Religieux fit, pour disposer ses auditeurs à la Procession du lendemain, quelques Ecclesiastiques & Religieux de l'authorité & permission du sieur le Sage, Curé & Chanoine de l'Eglise de Iargeau, entendirent de Confession plusieurs personnes, ce qu'ils firent encore des la pointe du iour suiuant; la deuotion de ce mesme iour inuitant beaucoup de bonnes ames à se Confesser & Communier, pour par ce moyen, honorer & appaiser nostre Seigneur offensé. Voyla pour ceux qui estoient desia à Iargeau dés le Mercredy, ou nous les laisserons, s'il vous plaist en leur deuotion, pour voir celle de leurs compatriotes, qui les viennent trouuer pour estre aussi de la partie.

Dés les 2. à 3. heures apres minuict du Ieudy, Messieurs les Maire & Escheuins d'Orleans, pour la commodité du peuple firent ouurir les portes de Bourgongne &

du Pont, qui conduisent à Iargeau, & ce fut pour lors que vous eussiez veu dés la pointe du iour, vn nombre incroiable de personnes de toute sorte de conditions, d'âge, & de sexe, qui par deuotion quittoient Orleans auec ioye, pour se trouuer sur les 7. ou 8. heu. au commencement de la solennité. Bref la multitude du peuple qui accourut à Iargeau de toutes parts, mais principalement d'Orleans, fut si grande, que d'vn commun sentiment des plus iudicieux, elle a esté estimée approcher du nombre de 20. mille personnes; si bien qu'à voir le peuple dans l'Eglise & les ruës de Iargeau & hors de Iargeau, quand la Procession commença, on ne voyoit qu'Orleans par tout & vous eussiez dit, (ie le dis sans hyperbole, ie serois démenti par tout ceux qui y ont assisté aussi bien que moy, si ie ne disois la verité) vous eussiés dis-je iugé que Iargeau estoit deuenu & changé en Orleans. Et c'est en cela que Messieurs les grands Vicaires permettront, s'il leur plaist, que ie die qu'ils ont esté trompés, en ce qu'ils auoient ordonné, que Iargeau feroit vne Procession, & ça esté Orleans qui la voulu faire & la faite en effect, puis qu'vne partie de son Clergé composé de bon nombre d'Ecclesiastiques & Religieux, ensemble les luminaires, les hautbois

& beaux ornemens de l'Eglise & vn si grand nōbre de peuple, sont tous sortis d'Orleans pour icelle Procession. Il est vray que Messieurs de Iargeau y ont eu bonne part, puisque, comme c'estoit la raison estans chez eux, ils officierent à la ceremonie & que Mr. du Mondé Bailly & Magistrat de ladite ville, ordonna que les habitans cesseroient ce iour-là de leur trauail & fermeroient leurs boutiques; enfin toute cette petite ville, ayant aporté tout ce qu'elle pouuoit & deuoit à cette feste, telle qu'elle n'auoit iamais veu & n'en verra aparemment iamais de semblable chés elle, ny tant de monde assemblé dans l'enclos & hors de ses murailles pour vne telle occasion.

En cette iournée aussi parut le zele des habitans de Iargeau, & nommement de quelques vns de Messieurs les Chanoines de S. Vrain, à exercer cordialement l'hospitalité enuers les suruenans, qu'ils inuitoient & receuoient chez eux à loger, mesme auec instante priere. Voyla quant aux preparatifs de la solennité, voyons maintenant le reste qui s'y passa.

Le peuple faisant ses deuotions en l'Eglise de sainct Vrain, entendant la Messe & se communiant ainsi que nous auons dit, cependant Messieurs du Chapitre de ladite

Eglise

Eglise font sonner leur grosse cloche, au troisiesme coup de laquelle chacun estant prest, & prenant son rang, la procession sortit de ladite Eglise en fort bel ordre qu'elle garda iusque à celle de la Queuure, lieu de la station, & ou l'on deuoit aller prendre le S. Sacrement pour le porter ensuitte solennellemét, comme il sera dit cy apres, quand ie vous auray raconté l'ordre qu'on tint en ce chemim long & vn peu penible, à raison de l'excessiue chaleur qu'il faisoit pour lors. Sortons donc la ville, les maisons & la presse du peuple nous empeschent de voir à nostre ayse, nous considererós mieux le tout dans la campagne ; voicy donc comment marchoit cette deuote compagnie.

Premierement, marcholent neuf ou dix ieunes garçons, portans chacun deux clochettes, appellées campanes, ou à cause qu'elles ont esté inuentées en la Campanie prouince d'Italie, ou à cause qu'elles sont portatiues, & qu'en effect on les porte de toute antiquité par les champs & par les campagnes deuant les Processiós des Chrestiens. L'harmonie de ces cloches, s'il faut ainsi parler, estoit fort aggreable & pour la quantité de leur nombre & pour la diuersité de leur son, & donnoient de la deuotion

D

par tout ou elles estoient entenduës. Apres
ces cloches qui marchoient deuant comme
des Trompettes de guerre Spirituelle,
estoiét portees sept ou huict Banieres, & autant de Croix des Parroisses voisines, qui
seruoient comme d'Enseignes à cette compagnie qui les suiuoit, disposée comme vne
armee rangee en bataille, pour aller combatre l'impieté du crime commis en ces quartiers, & de l'heresie qui en est toute voisine.
En suitte de ces Banieres & Croix, plusieurs
gros cierges des Confreries du pays voisin,
estoient portés par des Confreres desdites
Confreries; apres eux parroissoient 80.
ieunes enfans, venus de la ville d'Orleans,
habillés comme en Anges vestus de blanc,
vne couronne de Laurier en leur teste, &
chacun vn cierge blanc à la main, & marchoient ainsi deux à deux fort modestement, & ils estoient conduits en cét Ordre
par de pieux personnages qui les auoient
dressés des Orleans, & amenés à Iargeau
pour cette ceremonie; huict ou dix d'entreeux, demanderent d'eux mesmes à marcher
nuds piés par humilité, comme en effet ils
firent.

Apres cette petite, mais longue troupe,
marchoient plusieurs notables Bourgeois
& habitans d'Orleans & de Iargeau, & plu-

sieurs confreres des Confreries, les vns tenans des cierges, les autres des torches qui y estoient en assez bon nombre. Entre ces torches il y en auoit douze de cire blanche chacune auec vn escuson representant les armes d'Orleans. Ces torches auoient esté donées & enuoyées par le corps des Maire & Escheuins de ladite ville d'Orleans, cōposé de pareil nombre de douze, & estoient portées ces torches par lesdits Bourgeois, cōme autant de veux & tesmoignages de la foy des Orleanois enuers le Myst. de l'Eucharistie. Outre ce, deux autres torches portées par deux notables d'Orleans enuoyez expres par vn corps de Confrerie du sainct Sacrement, composé des plus aparens Bourgeois de la mesme ville. En suitte de ce, vous eussiez veu quatre Acolytes ou Thyriféreres, portans chacun vn encensoir & nauette d'argent, disposez pour la Procession du Sacre. Apres eux paroissoit le corps des Religieux tous venus exprés d'Orleans, composé seulement de seize, & disposés en cet ordre. Premierement 4. Minimes. 2. Capucins. 6. Recolets. 2. Augustins & deux Carmes, portans tous chacun vn cierge blanc alumé. Derriere ces Religieux suiuoient les ioüeurs de cornets à bouquins & haubois, placés entre les Religieux &

le Clergé, pour estre mieux entendus, & pour chanter alternatiuement auec le corps d'Eclesiastiques qui les suiuoit immediatement.

Le Clergé dont estoit precedé de sa Croix & estoit composé d'enuiron 50. ou 60. Eclesiastiques reuestus de chapes, si vous en exceptés quelques vns. Ces Messieurs estoient Messieurs les Chanoines de Iargeau, quelques Curez & Vicaires des Paroisses voisines & plusieurs Ecclesiastiques qui estoient venus d'Orleans en bon nombre. Tous ces Messieurs chanterent alegrement depuis l'Eglise de sainct Vrain, iusqu'à ce qu'ils fussent arriués en l'Eglise de la Queuure, c'est à dire l'espace d'enuiron deux bonnes heures qu'on fut en chemin, & estoient soulagés en leur chant par lesdits joüeurs d'instrumens, qui auec eux chanterent alternatiuement des Hymnes, Respons, Pseaumes, & Cantiques, qui firent tout l'entretien du chemin. Derriere le Clergé estoient ledit sieur du Mondé Bailly de Iargeau, & autres gens de Iustice & principaux habitans de ladite ville, portans des torches, & parmi eux vne personne inconnuë en habit de pœnitent, partie d'Orleans en cét estat des les deux heures du matin, & qui perseuera en iceluy sans boire ni manger iusqu'à cinq heures du soir qui fut le retour de la Procession à Iargeau, ce qui apporta beaucoup de deuotion & d'edification à tout le monde.

Cette Procession ainsi rangée & ordonnée marcha durant tout le chemin fort posément, & auoit derriere soy & sur ses ailes à droict & à gauche vn grand nombre de toutes sortes de personnes, qui pouuoit comme nous auons dit, monter iusqu'au nombre d'enuiron 20. mille personnes, si vous y comprenez le peuple qui fut rencontré par troupe sur les aduenuës du chemin de la Procession, & vn grand nombre d'autres personnes qui l'attendoit, & estoit desia aux enuirons de l'Eglise de la Queuure, à laquelle on arriua sur les 11. heure auant midy. Et ce qui est fort remarquable, c'est que durant ce long chemin que fit la cōpagnie auant d'arriuer à la station de la Queuure, on y aperceut vne si grande deuotion, que chacun ne respiroit autre chose, & tous estoient vn exemple d'edification à vn chacun, & vn chacun reciproquement edifioit tous les autres. Et ceux mesme, comme on a remarqué, qui passent pour des gaillards dans le monde, & qu'on pouuoit pour ce suiet, croire, ou douter estre venus là par curiosité, montrerent estre si bien touchés de la ceremonie & pieté des assistans, ie dis mesme de tous les seculiers, qu'eux mesme edifierent par leur deuote contenance, ceux qui les regardoient. Bref tout ce peuple ne portoit qu'vn visage Chrestien & Catholique, les vns meditans, les autres tenans leurs heures ou leurs Chapellets, & marchās d'vn pas modeste & bien posé. Ce que ie dis, me semble, sans exageratiō, l'ayant ainsi aperceu, & tous ceux qui y estoient m'en seruiront de tesmoins, si leur plaist, enuers ceux qui en pourroient douter.

Cette deuote Procession estans donc arriuée en ladite Parroisse & Eglise de la Queuure, le seul Clergé entra en icelle Eglise, le reste demeurant hors & à la porte ne pouuant entrer, à cause de la multitude du peuple, & là, ceux qui restoient au dehors attendirent la suitte de la ceremonie. Mais auant que de passer outre il ne sera hors de propos de vous raconter icy l'Auguste Maiesté auec laquelle cette Eglise estoit ornée & embelie, par les soings & deuotion de Monsieur son Curé & du sieur Tranchot, qui n'y épargna rien, & qui auoit pour cét effet procuré quantité d'ornemens de toutes sortes, que luy preterent ses amis d'Orleans comme nous l'auons cy dessus dit.

Comme aussi seruit beaucoup à son dessein l'industrie & trauail du Sacristain des

PP. Iesuites, & de celuy de l'Eglise des filles de la Visitation d'Orleans, que lesdites Religieuses auoient enuoyé exprés, outre quelques ornemens qu'elles auoient contribué, comme auoient aussi fait lesdits PP. Iesuites qui preterent ce qu'ils auoient de plus beau.

Cette Eglise donc estoit en premier lieu hors de son enclos & à l'entrée de sa porte, ornée de tres-belles Tapisseries & de tres-pieux Tableaux. A costé gauche en entrant il y auoit vn Autel richement paré, auec plusieurs luminaires & precieux ornemens. Cét Autel estoit disposé pour reposer le S. Sacrement au retour de la Procession, & pour y celebrer la saincte Messe, pour donner lieu de l'entendre, à vn si grand peuple qui estoit present, & au dehors iusques bien loing dans les champs, & qui en eut esté priué, si on l'eut celebrée au dedans de l'Eglise.

Si ce dehors estoit en si bon ordre, le dedans ne l'estoit pas moins, car tout le corps de cette Eglise estoit richement tapissé de la plus exquise tapisserie d'Orleans, qui consistoit en deux tantes de tapisserie de haute-lice, toute reuestuës de soye, l'vne representant les Mysteres de Nostre Dame, pretée & enuoyée par le sieur Alleaume Curé de sainct Paul d'Orleans, à l'autre representant l'Histoire du Martyre de saincte Catherine

Vierge & martyre, pretée & enuoyée par le sieur Choc Curé de saincte Catherine d'Orleans. L'Autel de cette Eglise estoit rauissant à voir, & tel qu'il a fait ietter des larmes de deuotion à plusieurs des assistans. Car outre les tapis, tableaux exquis, paremēs, chandeliers & plaque d'argent, pretées par les Eglises, ou habitans d'Orl. il y auoit de plus enuiron 300. luminaires en lampes & cierges de cire blanche, qui de leur lueur & éclat, éclairoient ladite Eglise, les principales vitres d'icelle estans bouchées, pour rendre toutes ces lumieres d'autant plus aggreables à voir. Mais ce qui rendoit & donnoit à toutes ces choses leur dernier lustre, estoit le tres-Auguste & tres-incomparable Sacrement de l'Autel, l'honneur & le bon-heur de l'Eglise militante, dont vne notable portion estoit là assemblée. Ces sacrez Symboles qui contiennent reellement le Sauueur du monde, reposoient dans vn tres-riche & tres-precieux Soleil d'argent vermeil doré, d'vne riche hauteur & d'vne rare orfeuurie; bref le plus beau de la Prouince & estoit preté par ledit sieur Curé de saincte Catherine d'Orleans pour seruir en cette iournée, & pour y honorer nostre Seigneur. Au dessus dudit Soleil estoit suspenduë vne couronne de grand prix, composée de perles & pierres precieuses, apartenant aux Religieux de la Compagnie de Iesus d'Orl.

L'Auguste splendeur de cette Eglise ornée cõme ie vous viens ded'escrire, sans rien adiouter du mien, atira à soy la curiosité du sieur de la Queuure, lequel quoy qu'heretique huguenot, eut neantmoins desir d'y entrer pour en voir & contempler la beauté. Il y entra donc & fut tellemẽt épris de l'éclat de tout ce qu'il y aperceut, & de l'honneur & apareil qu'auoient fait les fideles venus de toutes parts, en la seule consideration du Sauueur en son Sacrement, qu'il se sentit interieurement contrainct de flechir le genoüil en terre deuant l'Autel, & là adorer en effet par cette posture, ce que sa maudite secte aborre, son corps dementant pour lors, la foy erronée de son entendemẽt & de sa volonté heretique. Il fut sans doute comme il est à croire, poussé à cette action bien remarquée de plusieurs, par quelque secrette force, causee par la reelle presence de l'humanité du fils de Dieu, qui le preuenoit de cette grace excitãte, ou du moins par quelque relique & semence de Catholicité restante en son ame, & qu'il a pû auoir heritée de ses ancestres qui ont esté autrefois tres-Catholiques. Car il reste ie ne sçay quoy dans le sang de Messieurs les Nobles,

E

quand ils ont l'ame veritablement noble, qui se ressent tousiours de la vertu de leurs progeniteurs. Plaise à Dieu que ce Gentil-homme tire profit de telle grace, luy découurant les abus & les erreurs, ou le mal-heur du siecle passé, & l'infortune de sa maison l'ont precipité, & dans lesquelles la malice de ses aueuglés ou endurcis Ministres entretient son ame, au reste d'assez bon naturel, comme elle a fait paroistre en cette ocasiō. Cela soit dit en passant. Reuenons au reste de nostre ceremonie. La Procession arriuée comme vous auez veu, & le Clergé entré dans l'Eglise; l'officiant qui estoit vn des Messieurs les Chanoines de Iargeau s'aprocha de l'Autel, ou apres quelques couplets d'vn Hymne du sainct Sacrement, quelques Versets & Collectes, il quitta sa chappe, & selon l'ordre d'Orleans se reuestit d'vn beau chasuble blanc, & ayant à genoux receu le S. Sacrement des mains de son Diacre qui luy presenta debout, on commença la Procession du sacre, en laquelle l'ordre de marcher d'vn chacun tel qu'on auoit tenu auparauant fut gardé, excepté que les quatre Thuriferes estoient proché le sainct Sacrement, & l'encensoient alternatiuement deux à deux, auec leurs encensoirs d'argent. Le S. Sacrement estoit porté par l'Officiant,

& à raison de la pesanteur du Soleil, il estoit soulagé d'vn ruban de soye passé en son col & attaché au pié du susdit Soleil. Monsieur le Bailly de Iargeau & Mr. son Pere qui la precedé en cet office, & deux autres notables habitans, se presenterent pour lors auec vn Daiz de velours rouge brun, sursemé de Fleurs de Lys d'Or, qu'ils porterent au dessus du sainct Sacrement selon la loüable coustume qui s'obserue en telle ceremonie. En l'ordre susdit on sortit de l'Eglise à main droite, & on fit vn tour dans le cemetiere par derriere l'Eglise, & de là on s'écarta dans les champs assez loin pour aller à la premiere station, preparée iustement vis à vis du Chasteau ou maison de ce Seigneur Huguenot, en laquelle la sainte coupe auoit esté profanée & poluë, comme il a esté dit cy dessus; afin que l'iniure & le sacrilege commis en ce lieu, fust en quelque façon reparé par vne publique satisfaction des fideles assemblés, pour y adorer celuy qui y auoit esté offensé. En ce mesme lieu & autres trois endroits, ou reposa le sainct Sacrement, on chanta quelques Versets & Collectes, conformes à ce que le Clergé & les haubois auoient chanté entre chaque pose; c'est à sçauoir des respons & des hymnes tirés de l'office du sainct Sacrement, & cette belle profe, *Lauda Sion*. C'estoit vne chose agreable & vn singulier contentement, que de voir la multitude des assistans, qui remplissoit toute la campagne voisine, prosternée humblement contre terre, auec tant de modestie, que ce seul aspect faisoit que chacun se donnoit de l'exemple & de l'edification les vns aux autres. Et ce qui augmentoit encore la deuotion, c'estoit la modestie de ceux qui composoient le principal corps de la Procession : car vous eussiés veu cette compagnie d'enfans habillés en Anges, les Religieux & le Clergé tous portans des cierges blancs alumés, & à chaque pose, tourner la face vers nostre Seigneur, & faisant chacun vne profonde reuerence & inclination du corps, quand il estoit question de partir pour aller d'vne desdites poses à la suiuante. Il y auoit mesme aussi entre le peuple quelques seculiers hommes & femmes que ie remarqué, qui portoient des cierges ou tortis alumez qu'ils auoient aportez de chez eux, pour rendre quelque petit honneur au Fils de Dieu nostre Seigneur en cette occasion memorable.

La Procession finie on s'arresta à l'entrée de la porte de l'Eglise, ou l'Officiant ayant mis le S. Sacrement sur l'Autel qui estoit preparé au dehors, apres quelques Oraisons ou

Collectes conuenables à la solennité, on commença l'Introite de la Messe, qui fut solennellement celebrée sur cét Autel auec toutes les ceremonies que le lieu & le temps purent permettre estre obseruée. Et ce fut en ce lieu qu'on pouuoit dire que le souhait du Psalmiste estoit accomply, quand il dit au Pseaume 117. *Constituite diem solennem in condensis, vsque ad cornu altaris.* Peuple faites vn iour solennel au Seigneur auec tant de presse, qu'il y ait du monde iusque à la corne de l'Autel; car la solennité de cette feste fit que le nombre incroiable des assistans estoit iusques aux cornes de l'Autel, & empeschoit, à la bonheure, qu'vn petit vent qui suruint, ne fist éleuer ou mouuoir quelque peu ces sacrés symboles qui reposerent sur cét Autel durant ce sacrifice.

Apres l'Euangile, le Symbole estant entonné, & l'Offertoire chantée, Monsieur le Doyen de Iargeau monta en vne chaire qui estoit preparée dans le cemetiere tout denant l'Eglise, ou il fit aux assistans vne docte & pieuse Predication sur le suiet de la Procession, & de là deuotion au sainct Sacrement de l'Autel, en laquelle il parla amplement de la profanation des choses sainctes, & sur la fin de son sermon, teste nuë & à genoux, tout le monde découuert & tourné vers le sainct Sacrement qui estoit sur le susdit Autel hors de l'Eglise, & à la veuë de toute l'assemblée; il fit comme vne amande honorable au Sauueur, & luy demanda pardon pour tout le mõde, & ce auec tant d'ardeur & auec vne si grande affection, qu'il estoit aysé à iuger, que sa bouche ne dementoit point son cœur, estant vn fidele truchement de tout ce qui luy plaisoit exposer à son auditoire. La Predication estant finie, la Messe fut continuée & paracheuée apres laquelle on chanta *Te Deum Laudamus*, pour rendre action de graces à Dieu, auec la ioye de tout ce pleuple qui faisoit retentir ce Cantique par toute la campagne prochaine. Apres quoy l'officiant donna la benediction du sainct Sacrement à toute l'assistance, qui la receut prosternée contre terre, & ensuitte le reporta sur l'Autel principal de la susdite Eglise, orné comme il a esté dit cy dessus, & de dessus lequel on l'auoit pris pour le porter en Procession. On distribua aussi en cette matinée vn grand nombre de fueilles volantes, qui contenoient vne pieuse & affectiue Oraison à nostre Seigneur, residant au S. Sacrement, qui auoit esté composée, & imprimée à la priere & aux frais dudit sieur Tranchot, à qui rien ne coutoit pour l'honneur & gloire de Dieu,

& cette Oraison fut receuë auec beaucoup d'ardeur & de deuotion d'vn chacun des assistans.

Le tout s'estant passé en cette sorte, on se disposa à s'en retourner à Iargeau, & auant de sortir de l'Eglise deux Ecclesiastiques commencerent les Litanies des saincts, que le reste du Clergé chanta auec eux alternatiuement auec repetition de ce que premierement ils auoient chanté. Ainsi sortiton de l'Eglise, chacun reprenant son rang & son ordre pour s'en aller à la bon-heure auec grande satisfaction. Le long du chemin on continua & paracheua les Litanies, ausquelles succederent quelques Pseaumes iusqu'en l'Eglise de sainct Vrain de Iargeau, d'où l'on estoit sorti le matin sur les 8. à 9. heures, &ou, au retour, on arriua sur les 5. heures du soir. Et ce fut pour lors que chacun pensa à son retour chez soy, la riuiere de Loire seruit à beaucoup pour s'en reuenir à Orleans, les autres en Carosse, chariottes, charetes, & à cheual & à pié, prirent la terre de l'vn & de l'autre costé de la riuiere, quelques vns attendirent à partir iusqu'au lendemain matin. Ceux cy eurent le bien, le soir du mesme iour d'entendre le Sermon du P. Iesuitte, qui les prescha deuotement & pieusement du S. Sacrement de l'Autel, traitant les principales controuerses que nous auons sur ce Mystere, auec les Heretiques Huguenots, quelques vns desquels escoutoient cette Predication, qui fut si plaine de zele, que le Predicateur en vint iusqu'à la chandele pour lire lesdites controuerses, & refuter les liures de ces heretiques, qu'il tenoit en main.

Bref on quitta largeau, & y laissa-on vn estonnement dans l'esprit de habitans, qui admiroient la multitude & la deuotion des Orleanois venus en leur ville pour assister, ou pour mieux dire, pour faire auec eux la solennité qu'ils pensoient faire eux seuls. Il ne faut pas oublier de dire que Mr. Tranchot pour continuer son zele & liberalité, donna en ce iour à l'Eglise de la Queuure vne coupe d'argent, pour seruir au lieu de celle qui auoit esté derobée & poluë, & qui n'estoit que de cuiure doré, en quoy furent fort trompez ces voleurs & sacrileges qui la prirent; de plus il donna vne petite boëte d'argent pour porter nostre Seigneur aux malades les plus écartez de cette Eglise, laquelle Messieurs du Clergé d'Orleans on aussi dessein de donner vn autre beau present, qu'on espere faire tourner en vi Soleil, dont ladite Eglise à besoin, n'e ayant qu'vn d'estain.

Voil

Voylà ce qui se passa en cette Parroisse de la Queuvre & a Iargeau en ce iour de Ieudy d'apres Quasimodo 12. d'Auril de l'an 1646. & que i'ay raconté au vray sans rien oublier, autant qu'il m'a esté possible. I'adjouteray neantmoins encore que cette deuotion n'a pû estre cóprise en cette iournée qui estoit trop courte, de sorte que toute l'octaue s'en est ressentie, chaque iour d'icelle ayant veu des personnes venans de loin visiter la susdite Eglise par deuotion, & le Dimanche dans cette octaue qui estoit le 2. d'apres Pasques, s'y rencontrerent enuiron 4. à 5. cens personnes. Et comme il estoit beaucoup resté des viures que ledit sieur Tranchot auoit fait conduire à Iargeau pour le Ieudi, il retourna ce mesme Dimanche, d'Orleans à Iargeau pour les donner & distribuer aux pauures auec quelques aumosnes pecuniaires, & outre ce il traita en ce iour, & seruit à table nuds piés 12. pauures hommes, par raport aux SS. Apostres du Fils de Dieu. Et non content de ces feruerus, il fit encore d'auantage, car le Ieudy iour de l'octaue de la susdite Procession, il inuita & conduisit cinq Prestres d'Orleans de ses amis pour retourner en ladite Parroisse de la Queuvre, pour y Confesser & Communier les pauures du pays, lesquels il

F

auoit de ce aduertis dés le Dimanche precedant. En ce iour donc, les susdits Ecclesiastiques estans arriués en ce lieu, vn d'entr'eux, fit vn Catechisme pour disposer ces pauures à receuoir les Sacremés, & en suitte on les confessa, & chacun des Prestres l'vn apres l'autre, celebra la Messe, puis fut chantée vne grand Messe solennelle, à l'offertoire de laquelle le Curé de S. Victor a'Orl. prescha l'asistance, & ainsi cette iournée fut employée en cét exercice iusqu'à enuiron vne heure apres midy, apres quoy ledit sieur Tranchot donna à disner à 60. pauures. & sur le soir s'en reuint auec les Ecclesiastiques ses amis en la ville d'Orleans d'où il estoient partis ensemble le mesme iour du grand matin.

Voyla au vray tout ce qui s'est passé & tout ce qu'on peut desirer, de ce qui s'est fait en la Parroisse de la Queuure. Reste maintenant pour conclusion de ce present discours de rendre grace à Dieu & le glorifier, de ce qu'il est si bon, que comme il sçait tirer du miel & de l'eau de la dureté de la pierre, il sçait aussi tirer du bien de nos maux, & les fait tourner à sa gloire & à nostre salut.

Car ie vous prie quant est du present suiet, pouuons nous pas dire, que si l'Eglise conduite de l'esprit de Dieu, qui l'empesche d'errer, chantoit ces iours passés en son office de la feste de Pasques, qu'elle estimoit la coulpe d'Adam heureuse & bien fortunée d'auoir eu vn si bon & vn si grand Redempteur, qui est le fils de Dieu; pouuons nous pas aussi à son imitation proclamer en quelque sorte bien heureux, & bien fortuné ce crime que nous auons raconté, quoy qu'en soy detestable, puis qu'il a esté comme la cause & a donné occasion à vne si saincte, si rare, & si excellente deuotion de tant de peuples, & d'vn honneur extraordinaire rendu à N. S. en son Sacrement. *O felix culpa.* O heureuse coulpe qui à fait que, *vbi abundauit delictum, superabundauit gratia,* ou a abondé le delit & le crime, là mesme a sur-abondé la grace, voire auec profusion; tant il est vray de dire, que Dieu surmonte nos malices par ses bontés, & nos infidelitez & fellonnies, par l'amour infiny qu'il a pour les hommes & qui luy fait pardonner à ses plus grands ennemis.

Et pour vous monstrer que le bien qui a esté faict en ce rencontre par les fidelles, a surpassé de bien loin le mal qui auoit esté commis par ces brigans; c'est que le crime à esté commis de nuict, la reparation en a esté faicte en plain iour; deux meschans hommes voleurs & sacrileges l'ont commis, & la reparation en a esté faicte par les miliers de monde; ce crime a esté fait en l'espa- d'vne heure, & cette reparation a duré les huict iours entiers, & auec tant de ferueur, qu'on espere, auec suiet, de voir augmenter Dieu aydant, de iour en iour la deuotion enuers le sainct Sacrement, dans les espris de toute la Prouince, & si plaist à Dieu, en tous les lieux ou poura estre leuë & publiée cette histoire.

Plaise à Dieu pourtant par sa grace qu'a l'aduenir n'arriuent plus tels crimes, & que sil est deshonoré par plusieurs dans son Sacrement admirable, nous reparions ces offenses le plus auantageusement que nous pourons, le visitans souuent auec respect, le receuans auec amour, aymans tout ce qui le regarde, & imprimans dans l'esprit de tous nos semblables, la deuotion enuers vn si haut & si incomparable mystere. Dieu nous en fasse la grace par sa misericorde, par les merites de son fils nostre Sauueur, à qui soit gloire honneur, & amour par tous les siecle des siecles. Ainsi soit il.

FIN.

www.ingramcontent.com/pod-product-compliance
Lightning Source LLC
Chambersburg PA
CBHW060945050426
42453CB00009B/1124